AF563831

LE TRIUMVIRAT DES ARTS,

OU

DIALOGUE ENTRE UN PEINTRE, UN MUSICIEN ET UN POETE,

SUR les Tableaux exposés au LOUVRE.

ANNÉE 1783.

POUR servir de continuation au COUP de PATTE & à la PATTE de VELOURS.

PRIX 1 livres 4 sols.

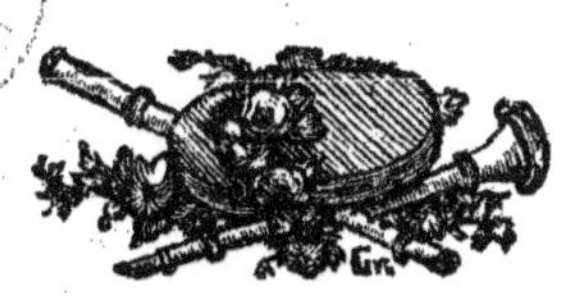

AUX ANTIPODES.

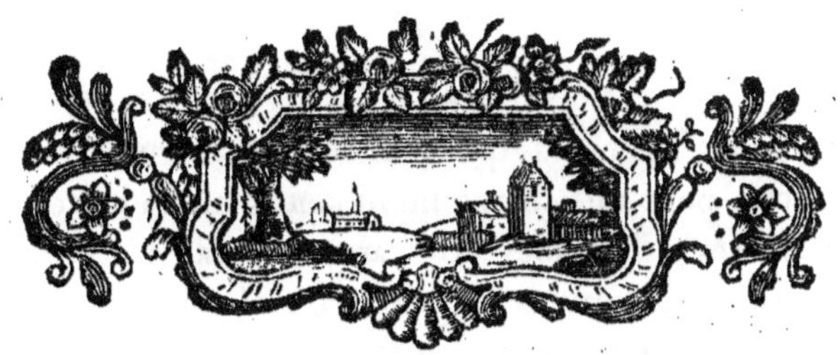

LE TRIUMVIRAT DES ARTS.

LA VOILA revenue cette époque intéreſſante, après laquelle tant d'Artiſtes ont ſoupiré. Pour quelques jours la Campagne eſt abandonnée ; Paris ſe ranime, toutes les claſſes de Citoyens reviennent s'étouffer au Sallon. Le Public, Juge naturel des Beaux Arts, prononce déjà ſur le mérite des Tableaux que deux ans de travaux ont fait éclore. Ses opinions, d'abord flottantes & incertaines, acquiérent promptement de la ſtabilité. L'expérience des uns, les lumières des autres, l'extrême ſenſibilité d'une partie, & ſur-tout la bonne-foi du grand nombre parviennent enfin à produire un jugement d'autant plus équitable, que la liberté la plus entière y a préſidé.

Je ne ſaurois ſouffrir ni ces eſprits jaloux que l'éloge d'autrui fatigue ou attriſte, ni ces petits

Docteurs imberbes qui prennent la faculté de réfléchir pour une charge humiliante, ni ces lourds automates, insensibles aux charmes de la Peinture, parce que les beautés de la nature ne les ont jamais touchés, ni même, s'il faut le dire, ces Littérateurs présomptueux chez qui l'ignorance absolue de tous les Arts est regardée comme un titre incontestable pour en bien juger; mais fort heureusement l'amas confus de leurs décisions ridicules ne forme pas un tout assez lié pour étouffer la justice : du milieu des erreurs qu'ils entassent, s'élève une opinion générale composée des sentimens épurés de chaque individu. La foule de ces erreurs peut être grande, je l'avoue; mais si les vérités sublimes font lentement des prosélytes, avec le temps chaque erreur particulière a bien moins de partisans qu'elle.

Plût au Génie protecteur des Arts, que la Musique, l'Éloquence & la Poésie, possédassent, comme la Peinture, au sein de Paris, un vaste théâtre où ni le rang, ni la faveur, ni la richesse ne pussent retenir des places pour le mauvais goût.

L'extrême liberté donnée chez les Grecs à la critique populaire, est ce qui a contribué le plus à les rendre supérieurs à toutes les nations de l'univers. Les Italiens doivent à cette même liberté leurs Peintres & leurs Musiciens célèbres; je croirois assez que la critique ne sert de rien à la plupart des Artistes, mais elle instruit l'Amateur qui vient décider de leurs productions ; ne fît-elle qu'ouvrir les yeux & fixer l'attention de leurs Juges, c'est un service qu'elle rend aux Arts ; & quand les beaux ouvrages sont aussi nombreux qu'on le voit ici, les Artistes doivent être les premiers à l'exciter pour leur propre gloire.

Parmi les Peintres, cependant, il en est qui se font un mérite de repousser la critique de différentes manières, les uns par des allégories de leur métier, les autres par de petits versets de Journal, ceux-ci par un faux air de supériorité, ceux-là en criant à l'horreur, à l'atrocité. Ces petites ruses n'en imposent guères. Tout le monde sait que la critique libre est le seul moyen qui fournisse la vérité ; il est même assez rare qu'un mauvais critique ait tort sur les points où il désapprouve ; mais incapable d'élever son ame à la sublimité de celle des grands Artistes, il ne sauroit, je l'avoue, mettre au jour ni rendre palpables certaines beautés que la multitude n'apperçoit qu'avec le secours de la réflexion ; & c'est à cela que l'on distingue la bonne critique de la mauvaise : c'est ce qui doit faire desirer aux Peintres que les bonnes se multiplient ; c'est ce qui doit leur prouver qu'à toute critique, la meilleure réponse est un bon Tableau.

Je n'en suis pas moins d'avis que si quelqu'un a droit de juger l'Artiste, c'est l'Artiste qui marche après lui ; car on voit toujours plus loin qu'on n'arrive. Racine pouvoit juger Corneille, Buffon peut juger Rouſſeau. . . . .

Auſſi toutes les fois que l'on m'offrira quelque choix à faire entre l'opinion d'un Peintre ou celle d'un Homme de Lettres, j'établirai ſouvent ma préférence ſur le même principe qui me feroit adopter celle de l'Homme de Lettres dans un point de Littérature; mais d'un autre côté les opinions uniformes de la multitude l'emporteront ſouvent chez moi ſur l'opinion de l'Artiſte. Quelque petite que ſoit la ſomme particulière de lumière & de ſentiment répartie ſur chaque homme libre, en les réuniſſant il s'en forme une maſſe d'un plus grand poids que le jugement iſolé du Praticien. Cette réflexion ne devoit pas échapper au Statuaire habile qui, dans ſes livres, a relevé l'ineptie de pluſieurs Écrivans célèbres, & même a repris M. de Voltaire ſur des points où il ne paroît avoir été que l'écho de la multitude.

N°. 11. Eh, qui ne tombera pas d'accord, par exemple, que le Tableau de Virginie eſt une production chétive? Où eſt le Spectateur de bon ſens, & inſtruit du trait d'hiſtoire, qui ne ſera pas révolté de le voir ainſi rendu? Ce n'eſt point ici un de ces ſujets ordinaires, où la manœuvre du pinceau dédomage du manque de vérité dans la ſcène & dans les expreſſions. Cet événement a changé la face de Rome; il a conduit à l'exil ou aux supplices ſes dix barbares Souverains. Le Peintre a manqué ſon effet, ſi, voulant repréſenter le dernier degré de la tendreſſe paternelle & du déſeſpoir, il ne fait pas ſoupçonner en même-temps le dernier degré de la tyrannie. Où eſt ce ſcélérat Décemvir, qui, pour poſſéder une Vierge libre, engage ſon client à la réclamer devant lui comme étant une de ſes Eſclaves? Où eſt ce lâche exécuteur d'une violence horrible? Eſt-ce dans le deſſein de rendre Appius plus mépriſable, que l'Auteur du Tableau nous offre, ſous des traits dénués de graces, la victime de ſa paſſion brutale? Mais le tendre & généreux amour du brave Icilius, fait préſumer dans celle qu'il aime une phyſionomie plus touchante; d'ailleurs, il n'eſt pas toujours vrai que l'homme vicieux ſoit privé de goût; c'eſt le ſort de l'innocente beauté d'arracher quelques deſirs aux cœurs les moins dignes d'elle. Vois-je le père infortuné donner le coup mortel à ſa fille, en lui diſant: *Meurs, Virginie, libre & pure*, ou bien lève-t-il contre Appius ſon fer enſanglanté, en lui criant: *C'eſt par ce ſang que je dévoue ta tête aux Dieux infernaux:* conjuration terrible après laquelle le peuple oſe ſe charger de la vengeance des Dieux.

Non; il n'y a pas une ſeule apparence de douleur que l'on ne puiſſe attribuer à des cauſes très-différentes; l'attitude & la grimace des perſonnages annoncent bien quelques-unes de ces ſcènes tragiques, qui ſe paſſent quelques-fois ſous les yeux de la populace ; mais ſi l'Auteur prétendoit qu'il a peint l'Hiſtoire , je lui dirois que ſon Tableau ment.

N°. 13. O Romains ! vous n'êtes pas ici les ſeuls que la broſſe du Peintre ait défigurés; les perſonnages créés par la Poéſie , un épiſode charmant du Taſſe, le nom de la tendre Herminie , ſervent de prétexte pour offrir à nos regards les plus dégoûtans objets. Mais ne ſeroit-ce point par mégarde qu'une pareille toile ſe trouve au Salon? Ce peut-il que l'Auteur de cet inſigne barbouillage ait mérité jamais l'honneur d'y paroître ? Quelle ridicule ébauche ! quelle profanation hardie du plus heureux ſujet qu'ayent offert les Poëtes aux Peintres de ſentiment! Au moins ſi ce Tableau n'avoit d'autres vices que de la foibleſſe dans l'expreſſion , un manque d'harmonie dans le coloris , de l'incorrection dans le deſſin , ſa nullité le feroit oublier; mais il attire le Spectateur par un mêlange de couleurs vives, & ne ſurprend ſon attention que pour lui montrer une baſſeſſe d'expreſſion ſans exemple , une ignorance de deſſin complette , & le plus abſurde rapprochement de nuances qu'aucun Ecolier ſe ſoit encore permis.

J'ai la ſatisfaction de ne pas voir d'indignes mains retracer les tableaux d'Homère ; c'eſt à de jeunes

Peintres qu'il convient d'exprimer le courroux d'Achille. La peinture des paſſions bouillantes n'appartient de droit qu'aux cœurs capables des mêmes tranſports; mais par une deſtinée qui ne permet qu'au petit nombre de ſe diſtinguer dans les beaux Arts, il ne ſuffit pas d'être plein d'ardeur & de ſentiment, ſi l'on ne joint la vérité de la nature à la grandeur de l'idéal : on voit le Poëte & le Philoſophe, quelque temps ſéduits par un bel ouvrage, le quitter pour n'y plus revenir, & continuer la recherche qu'ils font d'un chef d'œuvre.

Depuis quatre ans la Peinture Françoiſe a pris un eſſor peu commun; le genre minaudier, ſi long-temps admis dans l'Ecole, s'eſt trouvé tout-à-coup abandonné : je ne ſais quelle révolution ſubite a changé tous les eſprits ; mais le Public, fatigué de la petite manière des anciens Maîtres, a, ſans héſiter, porté ſes applaudiſſemens aux nouveaux; il eſt intéreſſant de fixer en faveur de l'avenir le premier inſtant de cette glorieuſe époque.

Celui qui ſe montra d'abord un des reſtaurateurs du grand goût, ce fut l'Auteur des Tableaux de Polixène, de Suſanne juſtifiée, de Léonard de Vinci. L'art d'appeler & de fixer l'œil par de grandes maſſes bien ordonnées, eſt un de ſes principaux mérites; ſa manière de peindre eſt, dit-on, large & facile : je le trouve moins paſſionné qu'élégant; il ne fait voir dans ſon deſſin ni la pureté ni la

M. Menageot.

correction qui mettent l'Artiste à portée de rendre les différentes expressions du sublime; sa grace, un peu dépourvue de science & de chaleur, ne lui prépare qu'une place honorable au second rang des Peintres de sa nation.

M. Vincent. L'Auteur du Paralytique fit voir après lui qu'il étoit des moyens de réussir plus éloignés encore des principes surannés de l'École régnante : il obtint une préférence marquée; mais certains défauts, répétés dans d'autres compositions, firent craindre que son impétuosité, mal dirigée, ne produisît de belles choses que par hasard.

M. David. Le troisième, bravant ouvertement les préjugés reçus par ses devanciers, parut vouloir se faire estimer en choquant même le goût public; son coloris noir, ses sujets d'un aspect moins touchant que fâcheux à voir; son dessin sévère & correct, mais sans graces; ses expressions fortes, mais sans noblesse; tout, en un mot, sembloit devoir éloigner le Spectateur de ses compositions. Toutefois le mérite inestimable d'être original ramena vers lui la plupart de ceux que la tristesse de son genre avoit écartés.

M. Renaud. Un dernier Maître, qui annonce davantage encore l'originalité du génie, vient leur disputer les regards du Public. Correction & pureté de dessin, grandeur de style, couleur vigoureuse, toutes ces qualités à la fois feroient distinguer avantageusement l'éducation d'Achille, si l'on y trouvoit la force d'expression qui manque encore à l'École.

Voilà les hommes qui, embellissant chaque Sallon de leurs ouvrages, en ont fait une galerie digne d'attirer la foule. Il seroit à desirer que le système d'indulgence qui a favorisé l'entrée de ces jeunes Artistes à l'Académie se perpétuât; car on doit s'appercevoir que la condition tacite d'après laquelle on admettoit auparavant les Peintres, en eût exclu Raphaël & le Poussin. Comment pourroit-on ne pas s'avouer que chaque Homme de génie a nécessairement sa manière à lui? Que la facilité de prendre une manière servile & bannale est la marque la plus certaine d'un génie foible & rampant, indigne de cultiver les Beaux-Arts? Comment a-t-on pu exiger si long-temps des Hommes que l'on se choisissoit pour Confrères, la preuve de cet humiliant caractère? Aussi le titre d'*Académicien* commençoit-il à devenir un ridicule, & le nom de *goût François* à donner chez les étrangers l'idée complette du mauvais goût. Aujourd'hui l'Académie semble ne demander à ses nouveaux Membres qu'une connoissance profonde de plusieurs parties de l'Art: conduite sage & vraiment louable, puisque loin de retenir le vol du Génie dans une carrière bornée, elle exige qu'il ait des ailes, afin de s'élancer au-delà.

Le temps viendra, sans doute, où les Artistes,

après avoir assez multiplié les preuves d'intelligence & de talent, s'efforceront de prouver aussi qu'ils ont une âme infiniment élevée au-dessus des âmes vulgaires; ils chercheront à bien rendre certaines expressions dont la nature offre peu de modèles; car elle a voulu que le beau fût rare en tout genre; cette partie essentielle de l'Art ne s'étudie pas dans les Atteliers, ni même dans la conversation des Peintres, elle tient à la connoissance du cœur humain; & c'est dans les écrits des Moralistes sincères, tels que Montagne, Fenélon, J. J. Rousseau, & dans tous les ouvrages où les grands Artistes ont pu se peindre eux-mêmes, que cette connoissance doit s'acquérir. En relisant les rôles d'Horace, de Polieucte, de Cinna, de César, d'Auguste, de Médée, on juge quelle espèce de physionomie convient le mieux à chacun de ces personnages. En considérant avec attention les Tableaux de Raphaël, de Lebrun, du Poussin, de le Sueur, on s'apperçoit aisément qu'ils n'ont pas servilement copié le masque d'un modèle, quand ils ont voulu peindre ou des Héros ou des Dieux. Les Peintres & les Poëtes feront bien de se rendre amis, ils peuvent se prêter souvent de mutuels & d'importans secours. La Musique n'a que de légers rapports avec la Peinture, mais elle entretient dans l'ame une sensibilité douce, ou la livre à des transports véhémens bien utiles à ces deux Arts. D'ailleurs, le ſimple amour du beau ſuffit pour établir une correſpondance intime de ſentimens & d'idées entre tous ceux dont les travaux ont pour but d'étudier la Nature. Les Poëtes, les Muſiciens & les Peintres iroient-ils ſe diſputer ſottement une préſéance imaginaire, quand ils ſavent que le génie de chacun d'eux doit trouver dans la direction qu'il a priſe de quoi s'élever toujours? L'homme qui chérit un art eſt injuſte, s'il montre pour les autres une eſtime foible; en un mot, l'Artiſte n'eſt à ſa place qu'au ſein des Artiſtes, il y doit chercher ſa gloire comme il y doit trouver ſon plaiſir.

J'ai réuni dans ce Dialogue les trois claſſes d'hommes que j'invite à ſe rapprocher.

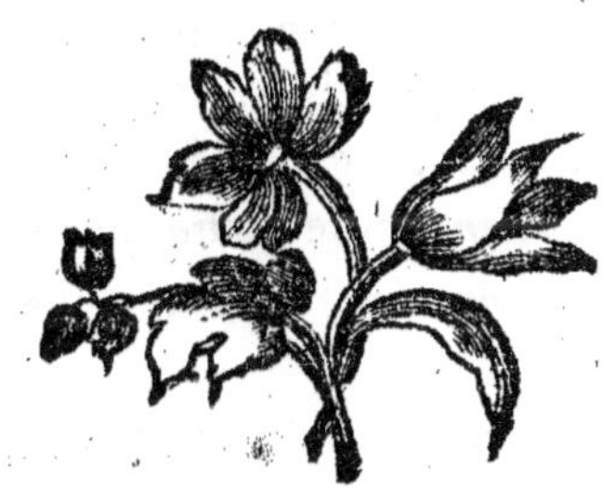

DIALOGUE
ENTRE
UN PEINTRE, UN MUSICIEN
ET UN POËTE.

Le Musicien. SOUVENEZ-VOUS bien que nous n'avons içi qu'un droit fort précaire, & qu'il n'y appartient qu'aux Peintres de juger en dernier ressort.

Le Poëte. A la bonne-heure ; mais le droit de
Nº. 13. rire, nous en jouissons, & voilà une Herminie qui m'excite à en faire usage.

Le Musicien. On se doute qu'elle a dérobé cet ajustement guerrier. Comme elle y paroît mal-à-son-aise !

Le Poëte. Eh ! que diriez-vous, si je vous prouvois que cet ouvrage est un chef-d'œuvre ?

Le Musicien. Je vous ferois répéter la chose, car il est sûr que j'aurois mal entendu.

Le Poëte. Point du tout ; la manière dont on a peint ce Tableau n'est point une manière ordinaire ;

il est presque impossible de l'employer plus heureusement : on en croyoit le secret perdu.

Le Musicien. Voyons encore : me serois-je mépris, seroit-ce une peinture à l'encaustique ?

Le Poëte. Non.

Le Musicien. Seroit-ce du verre coloré ?

Le Poëte. Bon ! la toile, devenue raboteuse par l'épaisseur de la peinture, a-t-elle pu vous laisser dans cette erreur ?

Le Musicien. Vous avez beau dire, je ne sais que ces deux manières de peindre dont le secret soit perdu.

Le Poëte. Je vois que vous n'êtes pas encore au fait de l'histoire de la Peinture. Je suis fort aise d'avoir quelque chose à vous apprendre. Sachez donc qu'il y eut jadis un certain Protogène qui s'amusoit à peindre ; la fantaisie lui prit de faire un chien de chasse ayant la gueule écumante ; après avoir essayé de mille façons, ne sachant plus comment s'y prendre, de dépit il lui jeta sa brosse pleine de couleur à la tête, & voilà sur le champ de l'écume peinte à ravir.

Le Musicien. Eh ! mais vraiment oui ; ce Tableau ne doit avoir été peint qu'à la manière de Protogène.

Le Poëte. Voulez-vous voir une composition qui prouve bien l'influence du climat sur les talens ? Voyez ces deux veuves d'un Indien. N°. 2.

Le Musicien. Comment cela?

Le Poëte. C'est que le Peintre l'a faite sous un autre ciel que celui-ci, auquel nous devons attribuer sans doute les médiocres ouvrages qu'il nous a long-temps donnés.

Le Musicien. J'observe en effet dans ce Tableau bien des choses recommandables : le coloris en est assez bon, l'ordonnance bien entendue, la scène bien aérée. Les soins que le Peintre s'est donnés avec succès sollicitent l'indulgence pour quelques reproches qu'on pourroit avoir à lui faire. Son grouppe de femmes fuyantes est plein d'élégance ; par quelle fatalité cette composition, la plus belle que j'aye encore vûe de l'Auteur, laisse-t-elle dans l'âme un froid qui me force de lui applaudir en bâillant ?

Le Poëte. Vous êtes Musicien, vous saisirez le sens de ma comparaison : si de deux cordes, montées à l'unisson, l'une résonne, à coup-sûr l'autre frémira. Il y a des âmes sans ressort & sans ton qui n'en ont jamais ému d'autres.

Le Musicien. Écartons-nous un peu par ici, nous donnerons un coup-d'œil au départ de Priam.

Le Poëte. Est-ce que l'Auteur auroit dessein de nous donner en Tableaux toute une suite de l'Iliade? Cela, de sa part, seroit aussi piqnant qu'une histoire Romaine en Madrigaux.

Le Musicien. J'estime beaucoup plus ce Maître

que

ses ouvrages ; il me paroît n'avoir jamais eu assez de verve pour forcer l'école de revenir au bon style; mais il en fut le partisan fidèle : ici même on reconnoît encore l'Auteur du Tableau d'Hélène, que ceux qui l'ont vû n'oublieront jamais, tant la disposition en étoit heureuse, tant les accessoires en étoient bien peints, tant le costume en étoit convenable, tant la couleur en étoit belle, tant il y manquoit d'expression !

Le Poëte. N'est-il pas singulier qu'aucun Peintre vivant ne se soit appliqué à rendre la diversité d'effets que produisent sur le visage les diverses passions de l'âme ? Ce qui place deux de nos anciens Peintres à côté de Raphaël, c'est pourtant d'avoir tourné presque tous leurs soins du côté de l'expression ; en effet, qu'est-ce qu'un Tableau parfaitement dessiné, séduisant à l'œil par des masses de clair & d'ombre, si, lorsque je veux arrêter ma vûe sur les personnages, partout je retrouve tel ou tel modèle déguisé en Achille, en Ulysse, en Bacchus ? Que me fait que l'on ait imprimé dans un Catalogue : c'est ici la veuve d'Hector, si je ne vois qu'une femme ordinaire implorant la bonté du Ciel en faveur d'un moribond ? Je préfère l'adresse de ce Peintre, assez connu, qui prenoit la peine d'écrire lui-même sur ses Tableaux : *ceci est un coq ;* par cette ingénieuse précaution il évitoit au spectateur le soin d'acheter un livre.

Le Musicien. Monsieur, si Raphaël & le Poussin ont porté au plus éminent degré la science de l'expression, cela prouve certainement la beauté de leur génie, mais cela fait aussi l'éloge des hommes de leur temps.

Il n'est pas facile aujourd'hui de reconnoître aux traits du visage les sentimens de l'âme. Ce n'est pas surtout dans Paris que cette étude est possible. On diroit que chaque homme n'y est occupé sans cesse qu'à se contrefaire. Tout les états ont pour principe inviolable de se tromper mutuellement. Toutes les professions exigent un extérieur apprêté; les passions généreuses une fois éteintes, il semble qu'on ait borné tous ses efforts à cacher les passions viles, rien ne transpire des secrets du cœur; une longue habitude de dissimulation a coupé tout rapport entre la figure & lui. Dans quels lieux ouverts au Public nos Artistes iront-ils épier la Nature? Chez le Peuple, ils trouveront des expressions hideuses; parmi les Grands, des expressions fausses; dans les rangs intermédiaires, des expressions communes.

Le Peintre. Que ne vivent-ils familièrement entre eux. L'ame des Artistes ayant plus d'énergie, fournit plus souvent de ces caractères de tête fortement prononcés, que l'on aime, que l'on cherche à voir dans les grands Tableaux.

Le Musicien. Si l'on entrevoit ici quelque teinte

d'un ſentiment vrai, mais un peu commun, c'eſt N°. 51.
dans le Tableau de Guiſe chez le Préſident de
Harlay. La phyſionomie d'Andromède eſt touchante. N°. 167.
Achille apprenant du Centaure à tirer de l'arc,
exprime aſſez le caractère de l'attention. Mais
pourquoi, dans l'Andromède, cette poſe forcée N°. 166.
dans la mère, cette attitude peu décente, dans le
père, cette poſture qui rappelle trop le genre de la
vieille Ecole.

Le Poëte. Perſée ſeroit, ce me ſemble, une figure
ſans défaut, ſi elle étoit un peu moins longue. Jetez
les yeux ſur une petite eſquiſſe du même Auteur,
qui repréſente Pyrrhus maſſacrant Priam ſur le der- N°. 170.
nier de ſes fils; vous y diſtinguerez une forte &
belle penſée, le germe d'un talent décidé pour
l'expreſſion. Si cette eſquiſſe me laiſſoit à deſirer quelque choſe, ce ſeroit d'en voir le Tableau.

Devant quel ouvrage me menez-vous? Il eſt bien N°. 5.
jaune. Oh! oh! par quel haſard a-t-on ordonné
au Peintre un ſujet tiré des Mille & une Nuit?

Le Muſicien. Apprenez, s'il vous plaît, qu'il eſt
au contraire tiré de l'Ecriture. Je ne l'invente pas:
le Livre le dit.

Le Peintre. Le Livre ſe trompe aſſurément. Je
vois fort diſtinctement ici, par terre, le grand Viſir
Giaffar, tué de la main de ſon maître, qui l'aura
peut-être ſurpris dans quelque faute un peu grave.
Ne reconnoiſſez-vous pas auſſi, à ſa gauche,

Mesrour, le Chef de ses Eunuques. Je l'ai toujours dit, que Giaffar finiroit mal avec un maître aussi sévère & aussi violent que le Calife Haroun-Alraschild.

Le Musicien. Mais, non, encore une fois : regardez-y mieux : c'est Mathathias tuant un Juif qui sacrifioit aux Idoles. La chose est certaine, le Catalogue l'atteste.

Le Peintre. J'en suis fâché pour le Catalogue ; mais personne, en vérité, n'y croira. Voulez-vous savoir mon avis ? L'Auteur auroit dû ne point exécuter son Tableau. . . . .
. . . .
. . . .
. . . .

N°. 33. *Le Musicien.* Il faut que je voye où veut aller ce grand homme qui donne des coups d'épée dans l'air.

Le Peintre. Il veut peut-être frapper la grande figure qui tombe du Ciel, & qui semble encore étourdie de sa gloire.

Le Musicien. Pourquoi ne pas attendre ; elle sera tout-à-l'heure à terre.

Le Peintre. Oh! nous n'y sommes pas, vraiment. Je devine à présent ce que c'est. Examinez, & dites-moi si vous ne trouvez pas que cela ressemble à une Résurrection ?

Le Musicien. Ma foi, cela pourroit être, car

voilà des gardes qui dorment, un autre qui grimpe les degrés deux à deux pour livrer bataille à la figure d'en haut, & la remettre en prison, morte ou vive. A la manière oblique dont il monte ces degrés, je suis persuadé qu'il en sauteroit six à la fois, s'il s'y prenoit de la manière ordinaire; mais que font-là, s'il vous plaît, ces demi-corps de gens plus éveillés que les gardes ?

Le Peintre. Ce sont peut-être des témoins apostés pour certifier le fait. A votre tour, éclaircissez mon doute; est-ce l'escalier de la prison qui est trop petit pour le soldat, ou bien est-ce le soldat qui est trop grand pour l'escalier ? quoi qu'il en soit, je sens que l'un n'est pas propre à l'autre..... Il me vient une inquiétude.

Le Musicien. Quelle est-elle ? Parlez.

Le Peintre. Vous savez combien les Flamands ont été grands coloristes. Cet ouvrage est destiné pour l'Église de Saint-Walburge, à Bruges en Flandres; que diront les gens de ce pays-là de la couleur Françoise ? Ce n'est pas tout : vous savez aussi que Jean de Bruges est l'inventeur de la peinture à l'huile; & s'il se trouve enterré dans l'Eglise de Saint-Walburge, quel regret n'aura pas son ombre, quand elle saura qu'on employe sa découverte à fixer sur la toile d'aussi pauvres compositions ?

Le Peintre. Nous sommes bien près d'un sujet N°. 93.

pris d'Homère : vous plairoit-il le regarder ?

Le Musicien. Vous me voyez hésiter à suivre votre invitation. J'ai tant de fois vu les Fables d'Homère parodiées en peinture, que je crains d'y être repris.

Le Poëte. Rassurez-vous : le Tableau qu'a présenté ce Poëte sublime n'est pas à la vérité rendu, mais il n'est point parodié. Le Peintre n'avoit à choisir qu'entre deux momens superbes de ce combat merveilleux. Il pouvoit ou peindre Achille entouré par les eaux du Xante, ou le Xante & le Ximoïs fuyant le courroux d'Achille ; c'est le dernier moment qu'il a pris. Que l'on se figure deux fleuves épouvantés, forcés de rentrer dans leur lit, & de précipiter leurs ondes que dévorent un feu vengeur. Que l'on se figure Achille poursuivant à son tour des demi-Dieux unis pour l'accabler. Comme je verrois avec plaisir ces deux fleuves redoutables, prêts à se plonger dans les abymes, demander grace avec colère & se plaindre en fuyant toujours ! Qu'Achille me paroîtroit beau s'élançant avec majesté des bords d'un affreux rivage ! Si j'étois Peintre, je voudrois ne pas suspendre l'action comme pour donner au spectateur le tems de la considérer. Je ne mettrois pas sur le devant du Tableau les vaincus dont la fuite doit se prolonger, ni presqu'au bout de leur course, & marchant vers moi, les vainqueurs qui les poursuivent toujours. Vulcain dirigeroit ses feux, & n'auroit pas l'air, seulement de les conduite. Je n'aurois point représenté l'un des fleuves sur le point de se noyer, ni l'autre opposant une audace commune aux volontés du destin. Je n'aurois point enfumé la Cour céleste. L'Achille se présenteroit sous des proportions moins *fluettes*. Ce ne seroit pas par la seule ouverture de ses yeux que je marquerois sa fureur ; il pouvoit s'offrir sous une attitude plus véhémente, avec moins d'exagération. Mais je m'apperçois que je fais une critique, après avoir fait espérer un éloge.

Le Musicien. Vous m'avez communiqué tous vos sentimens; je regarde ce sujet d'une vérité pour ainsi dire gigantesque, comme celui par lequel un grand Peintre devroit fermer sa carrière avant que l'âge vînt affoiblir son pinceau. Dans l'idée que je me suis formée des plus habiles Peintres, aucun, je crois, n'auroit été capable de me rendre l'impression qu'Homère me fait éprouver. J'imagine, peut-être à tort, que s'ils eussent voulu peindre ce trait sublime, Raphaël eût manqué d'énergie, Michel-Ange eût manqué de noblesse, & que notre admirable Poussin eût manqué d'enthousiasme; peut-être aussi que leur génie, embrâsé par celui d'Homère, se fût élevé, comme le sien, au-delà de toute imagination, & nous eût offert le plus beau de leurs chef-d'œuvres. Au reste, je découvre dans ce Tableau trop de causes qui lui enlèveront l'unanimité des suffrages, pour ne pas chercher quelqu'autre ouvrage où l'Auteur les mérite mieux.

Le Poëte. Monsieur, qui nous écoute, vous les indiquera, c'est un Peintre, il est en état de juger ses pairs.

Le Peintre. J'ai pris plaisir à vous entendre, & je crois mes pairs très-bien jugés par vous; nos Arts n'ont également pour objet que l'expression des passions; la Musique remplit cet effet par des moyens plus naturels; la Poësie par des moyens plus féconds; la Peinture par des moyens plus frappans; mais une fois sortis des études méchaniques de l'Art, nous avons tous une étude pareille à faire de la Nature, qui nous rend les Juges les plus capables de prononcer sur nos productions réciproques; je dirai plus, le Peintre qui n'est pas un barbouilleur, le Musicien qui n'est pas un croque-notes, le Poëte qui n'est pas un rimailleur, forment seuls une classe de Philosophes auxquels on ne sauroit contester ce nom; car si l'homme qui passe ses jours dans la contemplation de la nature, a le droit d'y prétendre, à plus forte raison doit-il appartenir à l'Artiste dont les Ouvrages démontrent qu'il en a fait une étude continuelle; & certes la distance est grande entre celui qui ne fait que la contempler, & celui qui la fait peindre.

Le Muſicien. Excepté en ce qui tient au méchaniſme de la Peinture, vous nous croyez donc en état de prononcer ſur vos ouvrages ?

Le Peintre. Oui; mais ſitôt que vous voudrez paſſer certaines bornes, je vous conſeille de me prendre pour guide ou pour correcteur.

Le Muſicien. Si je voyois une belle diſpoſition dans ce Tableau d'Aſtianax, qu'on arrache des N°. 29.
bras d'Andromaque, par l'ordre d'Ulyſſe, me trouveriez-vous ſujet à réprimande ?

Le Peintre. Je vous accorderois que l'effet de clair-obſcur en eſt bon, mais en ajoutant que tout lui eſt ſacrifié. Ulyſſe eſt là comme ſur un théâtre; Andromaque toute entière eſt priſe ſur le mannequin; c'eſt une étude de draperies. Ce perſonnage, mis dans le fond ſans autre deſſein que de remplir la place, eſt une copie trop ſenſible de la belle figure qui, dans un tableau du Pouſſin, jette un regard de compaſſion ſur les ravages qu'a fait la peſte.

Le Muſicien. Ne trouvez-vous pas dans le jeune Achille, apprenant à tirer de l'arc, une jambe N°. 167
plus longue que l'autre ?

Le Peintre. Point du tout, je vous assure : je souhaiterois seulement que la lumière eût été distribuée de façon que cette partie eût moins frappé la vûe. Les ombres sur le corps du Centaure pouvoient être moins égales ; mais je préfère ce ton noir & vigou-
N°. 95. reux, sans dureté, au ton clair, mais un peu sale, de la Piscine.

Le Poëte. Pour moi je n'approuve pas dans ce dernier tableau le desséchement du Paralytique; cette figure démontre que l'Auteur connoît parfaitement l'anatomie ; mais c'est une science si nécessaire au grand Peintre, qu'il ne doit pas affecter mal-à-propos de prouver qu'il la posséde.

Le Musicien. La tête du Sauveur manque de noblesse.

Le Peintre. L'architecture est d'un bon genre; les personnages sont assez heureusement combinés ; presque toutes les parties de la peinture sont réunies dans ce tableau à un point de médiocrité qui le rend estimable, mais d'ailleurs n'excite ni intérêt, ni admiration.

N°. 96. Le petit enlèvement d'Orithie est un chef-d'œuvre pour la pratique & le métier. Celui que
N°. 94. l'Auteur donne à l'Académie pour sa réception, n'a sur le petit d'autre avantage que le mérite de la grandeur ; examinez pourtant la jambe de ce Borée, ce n'est pas, quant au dessin l'ouvrage d'un Maître ordinaire.

Le Poëte. Au nom des Dieux, dites-moi une choſe que j'ai toujours été curieux de ſavoir, & que j'ai toujours oublié de demander. Reçoit-on à l'Académie des Peintres en éventails?

Le Peintre. Je ne crois pas, du moins cela n'eſt pas dans les Statuts de l'Académie.

Le Poëte. Cela ſuffit : je vous remercie. Ce grand
tableau de Zéphire & Flore me l'avoit fait ſoup- N°. 4.
çonner.

Le Muſicien. Quelle eſt cette jolie femme que N°. 119.
j'apperçois en chapeau de paille, tenant une palette
à ſa main?

Le Poëte. C'eſt apparemment un portrait, fait par Dupleſſis, de quelques-unes de ſes éleves.

Le Peintre. Vous vous trompez. Le Peintre n'a eu que ſoi pour modèle.

Le Poëte. Comment cette jolie perſonne s'eſt peinte elle-même!

Le Peintre. Je crois qu'il ſeroit difficile à tout autre de mieux réuſſir. Il eſt fâcheux que ſes cheveux ſoient un peu négligés.

Le Muſicien. Elle paroît avoir les goûts des grands Artiſtes; le ſoin de ſa parure ne l'occupe pas. Eſt-elle en état de traiter l'hiſtoire?

Le Peintre. Non. Le bras, la tête, le cœur des femmes ſont privés des qualités eſſentielles pour ſuivre les hommes dans la hau terégion des beaux arts. Si la nature en produiſoit une capable de ce

grand effort, ce feroit une monftruofité d'autant plus choquante, qu'il fe trouveroit une oppofition néceffaire entre fon exiftence phyfique & fon exiftence morale. Une femme qui auroit toutes les paffions d'un homme, eft réellement un homme impoffible. Auffi le vafte champ de l'Hiftoire, qui n'eft rempli que d'objets vigoureufement paffionnés, eft fermé pour quiconque n'y fauroit porter tous les caractères de la vigueur. Cependant on permet aux femmes d'exercer leurs talens fur quelques fujets qui n'exigent que de la délicateffe & des graces; mais
N°. 113. il leur fied mal d'ignorer que, dans leurs effais, au moins, elles doivent refpecter les fujets d'Homère, & ce ridicule eft trop fort, pour pouvoir leur être caché.

N°. 115. *Le Poëte.* Ne trouvez-vous pas que cette abondance eft d'un beau coloris?

Le Peintre. Je n'admets de beau que le vrai. Je conviendrai, fi vous voulez, que ce coloris eft des plus brillans.

Le Muficien. Je regarde comme un peu morne
N°. 162. celui d'Andromaque pleurant Hector.

Le Peintre. Il feroit permis d'y defirer plus d'éclat; mais tel qu'il eft on peut en être content. Le ton de couleur eft même, dans ce tableau, la feule chofe qui tienne au caractère héroïque & à celui de la fcène. Du refte Hector ne diffère en rien d'un mort ordinaire; je ne vois nulle dignité dans fa pofe ni dans fon air de tête. La fimplicité du fond eft peu recommandable, parce qu'elle rappelle un moyen cent fois employé. Andromaque dans sa douleur ne me fait pas entendre qu'elle a perdu son époux, que cet époux étoit le défenseur de son pays, qu'il ne pouvoit tomber que sous l'effort d'Achille au désespoir. Rien dans cette composition ne me transporte aux rivages Troyens. Les draperies sont assez larges. La main d'Andromaque est manièrée, elle ne s'attache pas bien au bras, qui lui-même n'est point assez beau. Les armes sont d'un bon style, & c'est tout.

Le Poëte. J'aurois cru que cet enfant qui console sa mère en la carressant, auroit obtenu vos éloges.

Le Musicien. Les enfans sont devenus les grands ressorts des Arts. En Peinture, en Musique, en Poesie on les produit comme Acteurs ou comme Auteurs. Je vois de toutes parts qu'on amuse le François avec des balivernes. C'est bien nous qui faisons le rôle d'enfans.

Le Peintre. Je ne trouve pas celui-ci sans mérite : mais pourquoi lui donner le costume qu'a donné le Poussin au fils de Germanicus? Pourquoi même s'écarter ainsi des vérités de la belle & simple nature. Consultez-la, consultez le Poussin qui en fut le plus fidèle observateur, vous verrez à côté de la femme de Germanicus, l'enfant plus étonné d'un spectacle nouveau, qu'instruit, comme celui-ci, de la manière de rendre des sentimens distincts, avantage que ne sauroient avoir des personnages si jeunes. Quoi, son père est-là, verd, sanglant, mort, tel que cet enfant ne l'a jamais vu, & il peut détourner l'œil de dessus le corps de son père, & il s'amuse à caresser sa mère, quand il devroit me faire entendre ses cris ou demeurer stupide! Non, non, ce n'est pas après avoir imaginé ce tableau, qu'il faut s'applaudir d'avoir saisi la nature, & tout un Museum rempli de sujets aussi peu rendus, n'y rameneroit pas deux fois les amateurs du vrai.

Le Musicien. Quels ouvrages peuvent donc échapper à votre censure; nous avons parcouru les plus beaux.

Le Peintre. Hors deux ou trois, presque tous les tableaux cette année ont le mérite d'être bien peints; les Artistes ne me paroissent plus ces élèves timides, de qui la main savoit à peine guider le pinceau, & dont il étoit nécessaire autrefois d'encourager les efforts; ce sont de jeunes, mais fort habiles Maîtres, qui s'ils étudient vingt ans l'expression, ne mourront pas sans laisser sur leur tombe des compositions du premier mérite, porté peut-être jusqu'au sublime.

Le Poëte. Je suis fort aise de vous avoir entendu, il n'y a qu'un moment, prononcer le mot de *style*; terme technique qui, sans contredit, nous est dû.

Le Peintre. Il eſt vrai que le mot de *ſtyle* nous eſt commun ; je doute ſi nous y attachons la même idée. En peinture, il annonce un choix particulier de formes & d'ornemens, dont la ſeule inſpection fait à l'inſtant connoître le rang des perſonnages & la nature du ſujet.

Le Poëte. Chez nous il indique tantôt un choix d'expreſſions, tantôt un choix d'idées, tantôt une combinaiſon particulière de phraſes plus ou moins propre à bien rendre les divers objets dont on s'occupe.

Le Peintre. Le ſtyle en Peinture & en Poëſie ne ſauroit être la même choſe, car les parties de l'une ne ſont pas relatives aux parties de l'autre. Vous appelez ſouvent ſtyle ce que nous diſtinguons ſous les noms de pinceau, de touche, &c. ; ce qui caractériſe un Auteur dans la couleur, dans le deſſin, dans la compoſition, reçoit le nom de manière, & vous, vous appelez éternellement ſtyle, une réunion de parties indéfiniſſables, par leſquelles chacun de vos grands Poëtes vous affecte confuſément d'une façon particulière. Tandis que nous dirons d'un Peintre, ſa couleur eſt vigoureuſe, vous direz d'un Ecrivain, ſon ſtyle eſt nerveux ; ſi nous diſons de celui-là ſa touche eſt ſpirituelle, vous direz de celui-ci ſon ſtyle eſt brillant ; ſi nous parlons d'un beau pinceau, vous parlerez d'un beau

ſtyle. Ainſi, pourſuivant cette imparfaite ſimilitude,
N°. 167. le deſſin pur du Centaure pourra donner en Poëſie
l'idée du ſtyle châtié; le défaut de ſoupleſſe dans
N°. 1. les figures de Priam, celle du ſtyle froid; la manière
molle qui ſe fait ſentir dans les deux Veuves d'un
N°. 2. Indien, celle du ſtyle foible; le vain étalage de
draperies joint aux attitudes de théâtre, prodiguées
N°. 29. dans l'Aſtianax, celle du ſtyle à prétention; l'eſpèce
de contrainte où ſemblent ſe mettre tous les perſon-
N°. 12. nages du Bayard, comme pour ſe montrer à l'envi,
celle du ſtyle guindé, l'incertitude du trait & les jolies
N°. 19. penſéesde l'Adonis, celle du ſtyle négligé; le manque
de maſſe dans la fête à Palès; celle de l'incohérence
N°. 32. de ſtyle; l'expreſſion chargée de Virginie, celle
N°. 11. du ſtyle groſſier; la tournure grivoiſe, les draperies
mouillées, les ameublemens gothiques de la Cléo-
N°. 146. pâtre, celle du ſtyle bas & ignoble. Je ne vois pas
que rien me rappelle ici ni le ſtyle barbare, ni le
ſtyle purement héroïque. Je ne ſuis frappé ni de
ces défauts, ni de ces beautés qui tiennent à l'extrême
vigueur de l'ame. C'eſt à vous maintenant que je
demande ſi j'ai trouvé chez les Peintres des équivalens
juſtes, au mot employé avec différentes
modifications par les Ecrivains.

Le Poëte. Je dois douter comme vous; car il faudroit une égale pratique dans nos deux Arts, pour être en état de réſoudre cette queſtion.

Le

Le Peintre. Et, qu'entendent les Muſiciens par *ſtyle* en muſique ?

Le Muſicien. L'obſervation de toutes les convenances.

Le Poëte. Rendez-nous cette idée plus claire ?

Le Muſicien. Nous diſons qu'un Auteur a plus ou moins de ſtyle, ſuivant qu'il imagine une mélodie plus ou moins convenable au genre de ſon ſujet, & en même-temps une harmonie plus ou moins convenable à ſa mélodie; c'eſt ce qui fait, par exemple, que le *duo* tant vanté du Silvain : *dans le ſein d'un Père,* ne rempliſſant que foiblement la dernière de ces convenances, & preſque jamais la première, nous ſommes en droit de dire qu'il manque de ſtyle.

Le Poëte. M. Marmontel, Auteur des paroles de ce duo, prétend cependant que c'eſt un exemple du pathétique noble.

Le Peintre. Bon, M. Marmontel, ne donne-t-il pas comme exemple de *trait ſublime* le maſſacre des Innocens par Rubens, & ne le met-il pas en concurrence avec la tranſſiguration de Raphaël & le deluge du Pouſſin.

Le Muſicien. Cela prouve qu'il faut être plus que Littérateur pour ſavoir apprécier des Muſiciens & des Peintres.

Le Peintre. N'allez pas revendiquer auſſi le mot

d'harmonie. A vous deux, vous vous partageriez notre vocabulaire.

Le Muſicien. Les Poëtes ne ſe ſont pas fait un ſcrupule de nous l'emprunter, ainſi que les Peintres.

Le Poëte. Nous l'appliquons à l'art de combiner agréablement les mots.

Le Peintre. Nous, à celui de combiner agréablement les maſſes de couleur.

Le Muſicien. Nous auſſi, nous nommons harmonie l'art de combiner agréablement des ſuites régulières d'accords; mais nous nommons encore harmonie, l'art profond de ſubjuguer l'ame en charmant l'oreille par un emploi ſavant de tous les moyens que la muſique fournit. Ce double ſens donné au mot harmonie, jette dans bien des erreurs le Poëte & le Peintre qui, d'après le mot, veulent nous juger ſur la choſe.

Le Poëte. Meſſieurs daignerez-vous abaiſſer vos regards ſur ces petits cadres.

Le Muſicien. On y trouve par fois d'agréables choſes; par exemple, dans le Vieillard voyageur,
N°. 7. ce petit enfant n'eſt-il pas charmant ?

Le Peintre. Je me garde bien de juger avec ſévérité de petits ouvrages de genre. Celui-ci d'ailleurs prouve dans ſon Auteur une bonne ame, un Peintre plein de talent, & qui voit la nature baſſe avec d'excellens yeux. Sa manière a quelque choſe de misérable qui convient parfaitement au sujet. Vous n'avez pas remarqué sa tête du Juif à terre, elle est d'un assez bon dessin. N°. 5.

Le Poëte. Que direz-vous du déjeûner ? N°. 143.

Le Peintre. Parmi les turlupinades grossières, celle-ci peut tenir son rang. Elle ne rappelle ni les charges spirituelles du Carrache, ni les grotesques divertissans de Callot. C'est une classe à part; c'est en peinture l'équivalent des œuvres de d'Assouci.

Le Poëte. Et ces étrennes à Julie ? N°. 142.

Le Musicien Je ne sais qui pourra se plaire à jeter l'œil sur ce message scandaleux.

Le Peintre. Voyez que de mauvaise grace & d'efforts dans la main qui tient une lettre.

Le Musicien. Quel avantage ce seroitpour la vertu si l'Auteur quittant le soin de peindre l'amour maternel, vouloit ne plus s'occuper qu'à montrer le tableau du vice, il seroit sûr d'en inspirer le dégoût. N° 145.

Le Peintre. Que vous semble de la jeune fille portant à l'Amour une guirlande de fleurs. N°. 40.

Le Musicien. Que si elle existe, il est à desirer qu'elle n'oublie pas de lui porter son cœur.

Le Poëte. Ce tableau est si animé, si séduisant, si plein de graces & de vérité, que par-tout où je le ver rois, je ne me croirois pas seul.

Le Musicien. N'admirez-vous pas comme ce satin est bien imité!

Le Peintre. J'admire combien les Peintres de

portraits prodiguent aujourd'hui cette étoffe. Si la manie du satin gagne aussi les Peintres d'histoire, nous sommes perdus ; le sallon prochain va ressembler à la boutique d'un Marchand.

Le Poëte. Je crois m'appercevoir le premier d'une lourde faute ; les habits sont presque tous mal éclairés, s'il faut en juger d'après la manière dont les têtes le sont.

Le Peintre. Vous vous trompez ; voici pourquoi. Le velours & le satin ne reçoivent pas une lumière invariable comme les autres étoffes, ils sont tissus de façon qu'ils paroissent changer de jour quand c'est nous seuls qui changeons de place. Il ne suffit donc pas de mettre le portrait à la sienne quand vous voulez voir si l'habit est bien éclairé ; mais il faut encore que vous vous mettiez vous-même à la place d'où le Peintre a voulu qu'il fût regardé.

N°s. 17 & 18. *Le Peintre.* Voilà deux Charités Romaines.

Le Musicien. C'est dommage que le sujet soit rusé ; la comparaison que l'on en pourroit faire ne sauroit être piquante.

Le Peintre. Dans le N° 31, la jeune fille témoigne plus d'inquiétude ; dans l'autre, N° 18, le vieillard est plus empressé. Mais au grand jour qui règne dans la prison, beaucoup de gens la pourroient croire en plein air.

Le Musicien. Ce seroit un moyen pour favoriser

l'étude de l'expression, que de donner quelquefois à différens Peintres le même sujet à traiter. Ici le parallèle n'est pas à l'avantage de M. Lagrénée; mais dans les petits sujets il est hors de comparaison par l'esprit, la grâce & une certaine facilité que peu de Peintres ont comme lui l'art d'y répandre.

Le Peintre. N'avons-nous pas sauté quelques Tableaux? Oui, sans doute, en voici un dont l'annonce est laconique : *Maillard tue Marcel.* N°. 86.

Le Musicien. Je suis bien aise que nous y revenions; j'étois en peine de savoir quel moment de l'histoire de Dom Guichotte ce tableau représentoit : ce pouvoit être Sancho Pança quand il fait de nuit la veille des armes, & qu'il a tué un cochon à l'hôte; mais ce pouvoit être aussi le même Sancho Panca renversé par les ennemis, quand ils surprennent son isle de Barataria.

Le Poëte. Quel est ce Tableau, élevé au troisième ciel, & dans lequel j'apperçois un Henri IV, il paroît mériter une bonne place, mais pas tout-à-fait si haute?

Le Peintre. C'est la naissance de Louis XIII; N°. 179.
ces sujets-là plaisent difficilement, à cause de l'ingratitude du costume & de la contrainte du portrait, deux obstacles assez bien surmontés ici; la scène du moment y est bien saisie.

Le Musicien. Ce St Jean prêchant dans le désert,
N°. 20. ne paroît pas avoir été grand converſisseur de femmes; car en voilà une qui se tient assez lestement devant lui.

Le Poëte. L'Auteur a peut-être cru faire un pen-
N°. 14. dant à son Bacchus. Vous ne nous avez rien dit du
N°. 36. portrait de ce Hollandois?

Le Peintre. Il est de main de Maître. Dans la fête
N°. 32. à Palès, je vois avec plaisir la jeune fille qui élève un agneau dans ses mains. Elle est tout-à-fait dans le goût de l'antique. Cette grande Académie de malotru forme avec elle un assez bisarre contraste.
N°. 1. Dans ce Tableau comme dans celui de M. Vien, je ne vois point de parti pris pour éclairer les objets. Les objets eux-mêmes sont trop dispersés. Quand on se propose de manquer d'effet, ne devroit-on pas chercher par un autre mérite, à captiver le spectateur? Il restoit au Peintre de quoi choisir entre le coloris, le dessin, le clair obscur, l'expression, le grand style & la belle ordonnance.
N°. 34. *Le Poëte.* Que direz-vous du Don réciproque?

Le Peintre. L'idée m'en paroît plus ingénieuse que l'exécution n'en est belle. Comment le Peintre a-t-il pu s'oublier jusqu'à donner à l'Amour les mêmes yeux qu'au petit chien?

Le Poëte. Nous nous laissons reporter par la foule devant la Veuve, qui dispute à sa rivale une place sur le bûcher qui va consumer leur époux commun.

Le Peintre. Vous êtes bien bon, de lui prêter cette intention ; elle s'avance assez froidement dans un ajustement qui n'est pas plus Indien que Turc. Son nigaud de frère se reconnoît au caractère niais de la famille. Quant à sa rivale, qui fuit en se grattant la tête, c'est de crainte & non de dépit, qu'elle s'en va. Remarquez l'utilité des chevaux partout pays ; celui-ci couvre tout d'un coup un large morceau de toile ; lui & l'ordonnateur du sacrifice, espèce de grand Prêtre qui a le torse court, les bras cassés & le torticolis, sont à eux deux les causes principales de l'effet que l'on remarque dans ce grand Tableau. N°. 2.

Le Musicien. Je soupire après quelqu'ouvrage, qui me force de revenir souvent au Sallon.

Le Peintre. Ce sera pour une autre année. Au caractère que vous cherchez dans les Tableaux, vous ne trouverez pas ici votre affaire.

Le Poëte. Voulez-vous que nous regardions la Sculpture ?

Le Peintre. A quoi bon? Hors les Statues que l'on destine au Museum, le reste est un amas de Portraits plus ou moins ressemblans, rarement agréables à l'œil de l'Amateur, presque toujours indifférens à celui de l'Artiste. Mais, hommes, femmes, nobles, bourgeois, tout veut se montrer. Le plus laid s'accoutumant à sa figure, croit que Paris doit prendre plaisir à la voir.

Le Musicien. Eh bien, conduisez-nous aux Statues :
N°. 234. celle de Lafontaine me fait grand plaisir. Le Statuaire a senti que l'on peut être bon-homme, & n'avoir pas l'air d'un sot.

Le Peintre. Les vêtemens sont d'un bon choix, & font un excellent effet.

N°. 265. *Le Poëte*. Voici, pour ainsi dire, une seconde édition de Montesquieu.

Le Peintre. Il est vrai que l'Auteur n'a rien conservé du plâtre qu'il en avoit donné : pas même la tête, je crois. . . . .

. . . .

Le Poëte. Vous connoissez l'homme qui, au jugement de Boileau, doit être regardé comme le plus grand génie entre tous les Ecrivains du siècle de Louis XIV.

Le Peintre. Si je le connois ! C'est Molière. Je
N°. 219. le cherche de tous mes yeux.

Le Musicien. Beaucoup de gens disent que le voilà.

Le Peintre. Ce sont apparemment des gens qui savent mieux lire dans les livres que dans la physionomie. Ils voyent écrit sur des feuilles volantes, *l'Avare*, le *Misantrope*, & ils se doutent que l'on a représenté Molière, au lieu que moi, je suis presque tenté de dire avec Boileau :

> Dans ce sac ridicule où . . . .

le reste est connu ; les vers de Boileau ne sont pas de ceux qu'on oublie.

Le Musicien. Par l'attitude qu'on a choisie, on a voulu faire entendre qu'il avoit pris la nature sur le fait.

Le Peintre. On a donné l'idée d'un espiegle qui court après un ridicule pour s'en moquer.

Le Poëte. Il falloit donner celle d'un Philosophe profond, qui, dans l'alliance nécessaire entre le vice & le ridicule, nous apprend à démasquer l'un par l'autre.

Le Peintre. Messieurs, la meilleure critique n'a d'utilité que quand elle a de justes bornes. Vous en avez dit assez pour montrer aux Peintres que s'ils s'adonnent à l'expression, leurs soins ne seront pas perdus; & que s'ils regardent l'estime & l'admiration comme un prix digne de leurs efforts, ils sont en état d'y prétendre. Ceux qui se connoîtront en suffrages, seront jaloux de mériter les vôtres; à une portion de goût suffisante, vous joignez une franchise assez rare : c'est avoir de quoi ne pas se tromper souvent. Laissez germer dans les bons esprits les réflexions que vous avez semées, & faites-moi le plaisir de m'admettre dans votre intimité. Je vous donnerai mon avis sur vos ouvrages, & je vous consulterai sur les miens.

Le Poëte. Ce sera bien de bon cœur.

Le Musicien. Du caractère dont nous sommes, nous allons former une société charmante.

Le Peintre. Il eſt ſi doux de rencontrer des hommes en état de nous apprécier.

Le Muſicien. J'ai toujours ſoutenu que l'approbation d'un bon Artiſte dédommageoit des éloges d'une vingtaine de ſots.

Le Poëte. Par la même raiſon, ſa cenſure doit faire une impreſſion vive.

Le Muſicien. C'eſt ſelon. Il y a des gens qui ne la ſentent pas.

Le Peintre. La critique n'afflige guère tous ceux qui ſont au-deſſous d'elle. Mais ſi, par exemple, je diſois à Vernet : *Dans votre genre, vous n'êtes pas parfait*, & que j'euſſe raiſon, il en mourroit.

J'IMPRIME encore ce dernier Ouvrage ſur le Sallon. Puiſſe-t-on ne le pas trouver inférieur aux premiers. Mais afin que le blâme ou l'honneur, s'il en procure, ne retombe que ſur ſon Auteur, je déclare qu'il eſt d'un Muſicien connu par un livre jugé très-utile, de l'aveu des Maîtres de l'art.

L'Auteur de la *Critique des Critiques* s'eſt mépris, en l'attribuant à M... J'ai lieu d'être flatté que dans cette ſuppoſition même, il ait toujours diſtingué favorablement mon Ouvrage de ceux de M. . . . .
au portrait qu'il fait de M... je n'ai garde de me reconnoître. Au détail qu'il nous donne des occupa-

tions amusantes de M... le train de vie que je mène me semble un peu moins *joyeux*. Partagé entre le soin journalier de mon existence, le desir de ramener mes compatriotes au goût du vrai, & la recherche que je fais dans mon art, de tout ce qui peut m'y conduire, abandonné seul, & sans aide aux dégoûts qui suivent ces divers emplois, je trouve la vie un fardeau pénible, qu'il faut que je supporte, mais que je suis éloigné de supporter avec plaisir. L'Auteur de la Critique des Critiques ne pouvoit donc me choisir un prête-nom plus opposé, soit par ma condition, par mon caractère, par ma façon de sentir, par l'espèce de mes talens, ou enfin par ma fortune; mais je le remercie de ne s'être point laissé guider par cette aveugle prévention, & de m'avoir accordé son suffrage, auquel j'attache beaucoup de prix.

Si les Peintres & les Statuaires ne voyent pas dans cet Ecrit un flatteur gagé pour leur applaudir, du moins n'y verront-ils pas un de ces rivaux jaloux dont l'intérêt est moins de juger que de nuire, ni un de ces Amateurs étourdis qui de tout temps ont jugé les Arts avec une indiscrette légèreté, espèce d'hommes bizares, qui, passant jadis pour savoir tout sans rien apprendre, de nos jours apprennent tout pour ne rien savoir, & dont l'inconséquence outrée justifie en quelque sorte les auteurs de toutes les compositions foibles, ſans raiſonnement, ſans étude, ſans paſſion, ſans caractère, que chaque Sallon peut offrir, parce qu'elle fait préſumer d'avance qu'ils ne feroient pas capables d'examiner avec plus de ſoin des ſujets plus ſavamment traités.

FIN.

www.ingramcontent.com/pod-product-compliance
Lightning Source LLC
LaVergne TN
LVHW020245230826
846091LV00006B/2247

* 9 7 8 2 0 1 3 0 8 9 5 3 1 *